Pour les bénévoles des Capucins,

© 2023 Norah CUSTAUD
Édition : BoD – Books on Demand,
info@bod.fr
Impression : BoD – Books on Demand,
In de Tarpen 42, Norderstedt
(Allemagne)
Impression à la demande
ISBN : 978-2-3222-2283-4
Dépôt légal : Juin 2023

Norah Custaud

PRIÈRES POUR LES BÉNÉVOLES

Le signe par excellence laissé par le Seigneur est celui de la fraternité vécue.

Jean-Paul II

1.
Prière pour les vignerons du Seigneur

Seigneur Jésus, dans Ta grande miséricorde, Tu nous appelles à servir les plus vulnérables et les plus fragiles de nos frères et sœurs.

Nous Te prions de nous donner la grâce de répondre à cet appel avec un cœur ouvert et disponible, pour devenir des canaux de Ta bonté et de Ta compassion dans le monde.

Que Ton Esprit Saint, source de toute grâce et de tout amour, nous guide sur le chemin du service et de l'humilité, pour que nous puissions être des témoins vivants de Ta présence au milieu de nous.

Accorde-nous la force et la persévérance nécessaires pour être de bons serviteurs, prêts à tout moment à offrir notre aide et notre soutien à ceux qui en ont besoin.

Que notre service soit toujours un reflet de Ton amour inconditionnel pour tous Tes enfants.

Seigneur, aide-nous à rester des vignerons fidèles dans Ta Vigne (Mt 21, 33-43).

Amen

2.
Prière de gratitude pour les bénévoles

Ô Seigneur, nous T'exprimons notre profonde gratitude pour les innombrables bénévoles qui se lèvent chaque jour pour servir Tes enfants dans ce monde troublé et souffrant.

Nous sommes émerveillés par leur compassion inépuisable, leur engagement sincère et leur don de temps désintéressé en faveur de leurs frères et sœurs.

Nous Te remercions pour Tes serviteurs de l'ombre, ces êtres de lumière qui, par leur humble action, illuminent la vie de tant de personnes et raniment l'espoir en leur cœur.

Que Ton amour infini continue de guider leurs pas et de bénir leurs œuvres. Que leur dévouement inspire tous les cœurs à suivre l'exemple de Ton fils Jésus-Christ, qui s'est donné sans compter pour nous sauver.

Nous T'adressons cette prière avec humilité et reconnaissance.

Amen

3.
Prière pour fortifier les bénévoles dans leurs missions

Ô Seigneur, notre Père céleste, nous implorons Ta divine protection pour les bénévoles qui se consacrent corps et âme à leurs missions souvent éprouvantes physiquement, émotionnellement ou mentalement.

Fortifie-les, ô Dieu, dans leur engagement et accorde-leur la force nécessaire pour accomplir leur mission avec sérénité et confiance.

Fais-leur ressentir Ta présence aimante, ô Seigneur, afin qu'ils puissent puiser en Toi la force et le courage pour surmonter les obstacles qui se dressent devant eux.

Donne-leur, Seigneur, le discernement nécessaire pour respecter leurs limites physiques et ne pas mettre en danger leur propre santé.

Accorde-leur également la sagesse de savoir accueillir la souffrance de l'autre avec empathie et bienveillance, et de lui offrir Ton amour et Ta miséricorde.

Que Ta protection divine les enveloppe, ô Seigneur, et qu'ils puissent accomplir leur mission en toute sécurité et dans la paix de Ton amour infini.

Amen

4.
Prière pour la protection des bénévoles

Ô Seigneur, notre Rédempteur, nous sommes conscients que dans nos missions de bénévolat, nous sommes souvent confrontés aux attaques insidieuses du Mal, qui cherchent à semer le doute, la peur et la confusion en nous, pour nous empêcher de servir pleinement Tes enfants.

Nous implorons Ta divine protection, ô Dieu, afin que Tu gardes notre esprit et notre cœur en sécurité sous Ton manteau sacré.

Que Ta lumière éclaire notre chemin et que Ton amour inconditionnel nous accompagne dans chacune de nos actions.

Accorde-nous, ô Seigneur, Ta force puissante pour faire face aux épreuves et triompher des forces maléfiques qui cherchent à nous éloigner de Ta grâce salvatrice. Que Ta main bienveillante nous guide et nous protège en tout temps, et que nous puissions être des instruments de Ta bonté et de Ta miséricorde pour ceux qui sont dans le besoin.

Nous T'adressons cette prière avec foi et humilité, ô Seigneur, et nous nous confions à Ta puissance infinie pour nous garder en sécurité et en paix, maintenant et toujours.

Amen

5.
Aide-moi à être un bon samaritain

Seigneur, je Te prie de me remplir de Ta présence divine, afin que je puisse être plus utile et serviable à ceux qui m'entourent. Permets-moi de voir les besoins des autres avec Tes yeux et de leur apporter Ton amour et Ta compassion.

Aide-moi à être une extension de Tes mains et de Tes pieds sur cette terre, en servant les autres humblement et avec grâce. Que je puisse être une source de lumière et d'espoir pour ceux qui sont dans le besoin.

Aide-moi à être comme le bon Samaritain et à aider non seulement ceux que j'aime, mais aussi les étrangers ou ceux que je n'aime pas.

Je Te demande de m'accorder la force et la volonté de faire Ta volonté, même lorsque cela est difficile ou incommode pour moi.

Merci pour Ton amour infini et Ta bonté sans fin.

Amen

6.
Prière pour les bénévoles en milieu hospitalier

Seigneur Jésus, Toi qui as été le visage de la tendresse de Dieu parmi les hommes, je Te rends grâce pour ta présence dans ma vie. Tu m'as appelé à servir les malades, et je Te prie de m'habiter de Ta présence et de Ta grâce. Que ton essence divine me pénètre, ô Seigneur, afin que ma propre nature s'efface en Toi, me permettant de briller de Ta lumière et de Ta grâce en toute transparence.

Inspire-moi constamment l'attitude à prendre, les paroles à dire et les silences à observer. Donne-moi la sagesse et la patience pour écouter attentivement les personnes malades et leur offrir un réconfort dans leur souffrance. Aide-moi à oser leur tenir la main et à leur offrir Ton amour et Ta compassion.

Seigneur Jésus, fais de moi un instrument de Ta paix et de Ta miséricorde pour ceux qui souffrent. Que Ta grâce m'accompagne dans mon service auprès des malades, des blessés et des mourants. Que je sois pour eux un chemin qui conduit vers Toi, afin qu'ils puissent rencontrer Ta présence dans leur vie.

Que Ton Esprit-Saint me guide dans mon service et m'aide à toujours agir avec humilité et générosité. Je Te prie pour les malades que je rencontrerai, que Tu les soutiennes dans leurs épreuves et les enveloppes de Ton amour infini.

Je Te demande cela, Seigneur Jésus, en Ton nom et avec l'aide de Ton Esprit-Saint. Amen

7.
Donne-moi un cœur semblable à Jésus

Ô Dieu, Toi qui a donnés à Saint Ignace de Loyola un cœur ardent pour Toi, je Te prie de m'accorder la grâce d'avoir un cœur semblable. Permets-moi de voir le monde avec Tes yeux, de sentir les besoins des autres avec Ton cœur, et de répondre avec amour et compassion.

Je Te prie de m'enseigner à être plus généreux, plus aimant, plus humble, et plus obéissant à Ta volonté.

Donne-moi la force et le courage de servir les autres avec abandon et dévouement, en imitant Ton fils Jésus-Christ, qui s'est donné complètement pour nous.

Que ma vie soit un témoignage de Ta présence et de Ta grâce, et que je puisse participer à la transformation du monde en répandant Ton amour et Ta miséricorde.

Amen

8.
Prière pour la santé des bénévoles

Ô Seigneur, notre Créateur, nous Te remercions pour Tes fidèles serviteurs, les bénévoles qui acceptent de se rendre dans des endroits difficiles et insalubres pour apporter Ta lumière et Ta bonté à ceux qui sont dans le besoin.

Nous Te prions, ô Seigneur, de les bénir avec une bonne santé, afin qu'ils puissent continuer leur service sans être entravés par la maladie ou la souffrance physique.

Accorde-leur Ta divine protection contre les maladies et les dangers qui les entourent, et que Ta main bienveillante les guide en tout temps.

Nous Te demandons, ô Seigneur, de renouveler leur force et leur courage chaque jour, pour qu'ils puissent continuer leur noble mission avec zèle et dévouement.

Que Ton amour infini les enveloppe et leur donne la sérénité nécessaire pour faire face aux défis qui se présentent à eux.

Nous Te confions, ô Seigneur, tous les bénévoles qui Te servent dans des endroits difficiles et dangereux, et nous prions pour leur sécurité et leur bien-être.

Que Ton Nom soit glorifié à travers leur service désintéressé et leur dévouement envers leurs frères et sœurs en humanité.

Amen

9.
Prière pour la foi des bénévoles

Ô Seigneur, notre Père céleste, nous Te remercions pour tous les bénévoles qui, à travers leurs actions, témoignent de leur amour pour Toi et pour leur prochain. Nous Te présentons ces hommes et ces femmes qui consacrent leur temps, leur énergie et leur savoir-faire pour servir les membres du corps du Christ dans des domaines variés.

Nous Te prions de les fortifier dans leur foi, de leur donner la force et la persévérance nécessaires pour continuer à œuvrer avec passion et dévouement. Que leur engagement pour Toi soit une source de joie et d'épanouissement spirituel.

Nous Te demandons, ô Seigneur, de combler leur vie de ta présence et de Ton amour, pour qu'ils puissent rester fidèles à Ta Parole et à Tes commandements. Qu'ils soient inspirés et encouragés par l'exemple de Jésus, qui s'est offert en sacrifice pour l'amour du monde.

Que Ton Esprit Saint les guide sur le chemin que Tu as choisi pour eux, afin qu'ils puissent accomplir Ta volonté et propager Ta lumière autour d'eux.

Nous Te prions pour leur protection et leur bien-être, et nous Te confions leur vie et leur mission entre Tes mains.

Que Ta grâce et Ta miséricorde les accompagnent tout au long de leur cheminement, et que leur service en Ton nom soit source de bénédictions pour tous ceux qu'ils rencontrent.

Nous Te louons et Te remercions, ô Seigneur, pour Ta bonté et Ta fidélité envers Tes enfants.

Amen

10.
Seigneur, écoute ma prière

Seigneur, je Te prie humblement pour que Tu me donnes la grâce et la sagesse nécessaires pour persévérer dans mes missions bénévoles. Que je puisse continuer à témoigner de Ton amour et de Ta compassion dans toutes les situations, même les plus difficiles.

Seigneur, je Te demande de remplir mon cœur de Ta présence divine, pour que je puisse être Ton instrument de paix et de réconfort pour tous ceux qui sont dans le besoin.

Je Te prie pour que Tu m'aides à rester humble et à ne jamais perdre de vue que c'est Toi qui me guides et me soutiens dans tout ce que je fais.

Seigneur, que Ton Esprit Saint m'accompagne et me fortifie à chaque étape de mon engagement bénévole, afin que je puisse accomplir Ta volonté et glorifier Ton Nom.

Ainsi soit-il

11.
Avoir un cœur disposé

Ô Seigneur, nous venons humblement devant Toi pour Te demander de continuer à susciter des vocations dans ton Église.

Donne à ceux et celles qui désirent servir dans Ton œuvre des cœurs remplis d'amour, de compassion et de dévouement.

Nous Te prions de fortifier leur foi et leur confiance en Toi, afin qu'ils puissent répondre avec joie à Ton appel et accomplir Ta volonté.

Seigneur, nous Te demandons de leur donner la force et la sagesse nécessaires pour être des ouvriers zélés dans Ta moisson. Que leur travail soit béni et que leur impact soit profond sur les vies qu'ils touchent.

Nous Te remercions pour tous ceux et celles qui ont déjà répondu à Ton appel et qui servent avec dévouement dans Ton Église.

Bénis-les abondamment et continue de les guider sur Ton chemin.

Amen

12.
Prière pour les accompagnants

Seigneur, nous Te prions pour tous les bénévoles qui consacrent leur temps à accompagner les plus vulnérables de notre société.

Inspire-les à travers Ton amour et Ta compassion pour qu'ils puissent répandre Ta lumière et Ta bonté autour d'eux.

Donne-leur la force de persévérer dans leur mission, malgré les difficultés et les défis qu'ils peuvent rencontrer sur leur chemin.

Que Ta présence les accompagne dans leur travail, et qu'ils soient toujours prêts à répondre à l'appel de ceux qui ont besoin de leur aide et de leur soutien.

Nous Te prions pour qu'ils puissent être une source de réconfort et d'espoir pour ceux qu'ils accompagnent, et qu'ils puissent témoigner de Ta grâce et de Ta miséricorde dans toutes les situations.

Amen

13.
La mission confiée par Jésus-Christ

Ô Seigneur, depuis que Tu es monté au ciel, Tes mains et Tes pieds ne travaillent plus la terre ni ne parcourent les chemins. Mais par Ta grâce et Ton amour, Tu nous confies la mission de continuer Ton œuvre sur cette terre, de toucher Tes frères et sœurs par nos mains, de conduire les hommes sur le chemin de la droiture par nos pieds, et d'aimer les mal-aimés par nos cœurs.

Nous sommes Tes instruments, ô Seigneur, pour manifester Ton amour et Ta présence dans ce monde. Tu nous appelles à être Tes témoins, à éclairer les esprits égarés par nos paroles, à redonner force à ceux qui sont tombés par nos bras, et à réconforter les esseulés par notre affection.

Aide-nous, ô Seigneur, à répondre à Ton appel avec un cœur humble et obéissant. Permets-nous de saisir toutes les opportunités que Tu mets sur notre chemin pour proclamer Ton Évangile et manifester Ton amour envers les autres. Que notre vie soit un reflet de Ta présence et de Ton amour, et que nous puissions être des instruments de Ta grâce pour que Ton œuvre continue de grandir dans ce monde.

Au nom de Jésus-Christ, notre Seigneur et Sauveur.

Amen

14.
Seigneur conserve notre élan joyeux

Seigneur Jésus, Tu es venu en ce monde, non pas parce que Tu le devais nécessairement, mais dans une totale liberté, parce que Tu nous aimes et Tu ne peux faire autrement que de venir nous servir.

Nous Te remercions pour un Amour aussi gratuit. Merci aussi de répandre en nos cœurs, par Ta Parole et Tes Sacrements, les mêmes sentiments de disponibilité.

Tu as répandu en nous ton Esprit, nous inspirant ainsi le goût irrésistible de Te ressembler et de T'imiter.

Confirme en nous cet Esprit de service et donne-nous la force de ne pas abandonner, même aux heures d'obscurité.

Car nous savons qu'il y a plus de joie à donner qu'à recevoir, comme Tu l'as dit Toi-même.

Donne-nous la joie de donner sans compter, comme Tu nous l'as enseigné, et que chaque acte de service soit une occasion de nous rapprocher de Toi.

Ainsi soit-il

15.
Vivre en conformité avec la volonté de Dieu

Seigneur, nous Te prions humblement de nous accorder la grâce de prendre le temps d'écouter le silence et d'être en communion avec Toi. Que cela puisse nous aider à mieux comprendre Ta volonté et nous permettre de vivre en conformité avec Ton plan pour nos vies.

Permets-nous de prêter attention aux autres, en les appréciant et en les soutenant dans leur marche de foi. Aide-nous à être des témoins de Ton amour, en les écoutant attentivement et en leur offrant des encouragements dans leur vie quotidienne.

Donne-nous la sagesse de discerner les situations qui se présentent à nous et de prendre des décisions justes et éclairées. Que notre vie soit remplie de partage, dans la joie et dans la paix, avec l'assurance que Tu es toujours avec nous.

Seigneur, aide-nous à aimer les autres comme Tu les aimes, avec leurs différences et leurs particularités. Permets-nous de les accepter et de les respecter, et de leur offrir la richesse de notre cœur et de notre vie. Que l'amour que nous avons les uns pour les autres soit un témoignage de Ton amour en nous.

Enfin, Seigneur, nous Te demandons de nous accorder la grâce de prendre le temps d'aimer, car c'est dans l'amour que nous Te rencontrons et que nous nous rapprochons de Toi. Que notre vie soit remplie de l'amour que Tu nous offres et que nous sachions le partager avec ceux qui nous entourent. Nous Te prions cela au nom de Jésus-Christ, notre Seigneur et Sauveur.

Amen

16.
Jésus, exemple de service

Seigneur Jésus, nous Te remercions pour ton exemple de service humble et désintéressé. Tu as montré l'amour en servant les autres, en guérissant les malades, en nourrissant les affamés et en réconfortant les opprimés. Nous Te rendons grâce pour toutes les personnes qui suivent ton exemple en servant les autres avec amour, compassion et dévouement.

Nous Te prions, Seigneur, pour toutes ces personnes qui se mettent au service des autres, qui donnent leur temps, leur talent et leur énergie pour aider les plus vulnérables. Nous Te demandons de les bénir et de les protéger dans leur service.

Nous Te prions pour que Tu leur donnes la force et la sagesse pour faire face aux difficultés qu'ils rencontrent dans leur mission, pour qu'ils soient remplis de Ton Esprit-Saint et soutenus par Ta grâce.

Nous Te prions également, Seigneur, pour que Tu donnes aux autres le désir de servir, d'être au service de leur prochain, de donner sans compter. Que Ton Esprit-Saint les inspire et les guide pour qu'ils puissent répondre à l'appel à servir.

Et pour ceux qui sont découragés ou épuisés, nous Te prions de leur donner le réconfort et le soutien dont ils ont besoin, afin qu'ils puissent continuer leur mission de service avec détermination et joie.

Nous Te demandons tout cela, Seigneur, en Ton nom, car nous savons que Tu es la source de tout amour et de toute bénédiction.

Amen

17.
Des témoins de Ton Amour

Ô Christ, notre Seigneur et notre Sauveur, Toi qui as donné Ta vie pour nous sur la croix.

Toi qui as appelé tes disciples à Te suivre et à devenir des serviteurs dans le monde.

Nous Te prions de nous donner la force et le courage de répondre à Ton appel et de témoigner de Ton amour et de Ta grâce dans le monde.

Seigneur Jésus, fais de nous des serviteurs fidèles et dévoués, qui portent Ta lumière et Ta paix aux autres.

Donne-nous des cœurs généreux pour servir ceux qui sont dans le besoin, des mains prêtes à aider et des oreilles attentives à écouter.

Que notre vie soit un témoignage vivant de Ton Évangile, une source de consolation et d'espérance pour les personnes que nous rencontrons.

Accorde-nous Ta grâce et Ta bénédiction, ô Christ, afin que nous puissions être de vrais serviteurs dans Ton nom et pour Ta gloire.

Amen

18.
Remplis nos cœurs d'un amour universel

Nous implorons Ton aide pour rapprocher nos cœurs de ceux de nos frères et sœurs, peu importe leurs origines. Nous savons que nous sommes tous sur la même route qui mène à Toi. Nous Te prions de nous accorder la grâce d'accepter et de servir les autres comme Tu le ferais.

Même si nos pas ne nous mènent qu'à des endroits locaux, donne-nous la sagesse de comprendre que nous faisons partie d'une communauté mondiale.

Remplis nos cœurs d'un amour universel qui dépasse les différences.

Aujourd'hui, nous choisissons de vivre selon Tes enseignements, de marcher main dans la main avec nos frères et sœurs et de les servir de tout notre cœur. Nous Te remercions de nous avoir donné l'opportunité de servir et nous Te prions de continuer à nous guider sur ce chemin d'amour et de compassion.

Amen

19.
Être présent pour les autres

Ô Seigneur, envoie sur nous Ton Esprit Saint qui est source de vie.

Donne-nous la force et la sagesse pour être présents pour Ton peuple. Aide-nous à être là, tout simplement pour ceux qui ont besoin de nous.

Nous Te demandons de nous donner la force de rester aux côtés des jeunes, des personnes âgées, et de tous ceux qui ont le cœur brisé. Que nos cœurs soient embrasés par Ta présence vivifiante.

Nous sommes confiants que Tu es présent partout, mais aide-nous à être totalement présents à ceux qui ont besoin de nous. Ouvre nos cœurs et aide-nous à aimer sans limites.

Nous Te remercions de nous avoir donné l'opportunité de servir Ton peuple, et nous prions pour que Tu continues à nous guider et à nous accompagner dans notre cheminement spirituel.

Amen

20.
Instrument de ta Grâce

Seigneur, nous Te prions humblement de nous aider à utiliser les dons que Tu nous as accordés pour répondre aux besoins de ceux qui nous entourent. Guide-nous pour que nous puissions percevoir les besoins de notre prochain et nous inspirer de la vie de Ton Fils pour aller au-delà de nous-mêmes et de nos faiblesses, et atteindre les personnes les plus marginalisées.

Que tout ce que nous faisons soit en préparation pour servir plus pleinement Ta volonté, et que nous cherchions constamment Ta présence dans le monde que Tu nous as confié. Aide-nous à créer un monde plus juste et plus aimant, où Tes enfants peuvent vivre en paix et en harmonie.

Nous Te demandons de nous envoyer Ton Saint-Esprit pour nous maintenir motivés par le désir de la justice et de l'amour, afin que nous puissions continuer à être les instruments de Ta Grâce dans le monde.

Amen

Remerciements

Alice, Annick, Anne-Marie G, Albert, Bernard, Catherine, Chantale G, Christine, Françoise, Gérard, Gilbert, Georges, Jacques, Jean-Luc, Jeanine S, Jean-Patrice, Josette, Jean-Claude, Liliane, Rolande, Marie-Paule, Clotilde, Chantal E, Marie-Thérèse D, Martine, Michel, Marie-Madeleine, Odile, Marie-Laure, Michèle C, Nicole, Rolande, Serge, Yvette H, Chantal D, Jean-Marc, Marie-Madeleine, Cécile, Jean-Marc, Marie-Thérèse Ch, Michèle H, Jeanine H, Marie-Thérèse S, Yvette T, Annie, Jacqueline, Catherine, Anne-Marie.

A vous tous amis bénévoles aux Capucins, j'ai une très grosse pensée pour vous en ce week-end de Pâques Comme le dit la carte La vie en Rose depuis mon passage au Centre, parce que votre mission à nos côtés est la plus belle preuve de votre amour.
bises

Un mot d'une patiente qui tient à exprimer sa gratitude envers les bénévoles qui l'ont accompagnée

Sommaire

1. Prière pour les vignerons du Seigneur .... p. 9
2. Prière de gratitude pour les bénévoles .... p. 11
3. Prière pour fortifier les bénévoles dans leurs missions .... p. 13
4. Prière pour la protection des bénévoles .... p. 15
5. Aide-moi à être un bon samaritain .... p. 17
6. Prière pour les bénévoles en milieu hospitalier .... p. 19
7. Donne-moi un cœur semblable à Jésus .... p. 21
8. Prière pour la santé des bénévoles .... p. 23
9. Prière pour la foi des bénévoles .... p. 25
10. Seigneur, écoute ma prière .... p. 29
11. Avoir un cœur disposé .... p. 31
12. Prière pour les accompagnants .... p. 33

13. La mission confiée par Jésus-Christ .... p. 35

14. Seigneur conserve notre élan joyeux .... p. 37

15. Vivre en conformité avec la volonté de Dieu .... p. 39

16. Jésus exemple de service .... p. 43

17. Des témoins de ton Amour .... p. 47

18. Remplis nos cœurs d'un amour universel .... p. 49

19. Être présent pour les autres .... p. 51

20. Instrument de ta Grâce .... p. 53